EDICT ET

DECLARATION DV ROY,

pour l'attribution en heredité aux Receueurs Generaux des Finances & du Taillon, par forme de taxation de deux deniers pour liure de toute leur recepte.

Verifiés en la Chambre des Comptes.

A PARIS,

Par FED. MOREL, & P. METTAYER, Imprimeurs ordinaires du Roy.

M. DC XXIII.

Auec Priuilege de sa Majesté.

(2)

LOVIS par la grace de Dieu, Roy de France & de Nauarre, A tous presens & à venir, Salut. Le feu Roy nostre tres-honoré Seigneur & pere, que Dieu absolue, pour donner moyen aux Receueurs Generaux de nos Finances des generalitez de nostre Royaume, d'exercer leurs charges auec honneur & integrité, & satisfaire aux despenses qu'il leur conuient faire, tant pour l'entretenement de leurs Commis que pour compter de leur maniement à leurs despens, par son Edict du mois de Nouembre mil cinq cens quatre-vingts quatorze, leur auroit attribué par forme de taxation deux deniers pour liure de tous les deniers extraordinaires dont

A ij

ils feroient la recepte, en payant par eux la finance à quoy ils furent pour lors taxez pour ladite attribution, de laquelle ils n'auroient ioüy que peu de temps : D'autant qu'incontinent apres elle auroit esté réduite à certaine somme pour chacune recepte generale : Et depuis quelques vns desdits Receueurs Generaux auroient esté rembourſez de leur finance & auroit esté accordé aux autres intereſt d'icelle à raisõ du denier dix : de ſorte qu'ils ſe trouuent à preſent en pire condition qu'ils n'eſtoiét auparauant, d'autant que leur maniement eſtant de beaucoup augmenté, leur function en eſt d'autant plus penible & de plus grands frais : C'eſt pourquoy aucuns d'eux nous auroient à diuerſes fois faiĉt leurs remonſtrances ſur ce ſubieĉt, comme auſſi de la part des Receueurs Generaux du Taillon nous

auroit esté remonstré qu'ils n'ont aucuns droicts ny taxations, encores
que l'exercice de leurs charges soit
grandement penible, & que s'il nous
plaisoit leur attribuer hereditairement, Sçauoir ausdits Receueurs Generaux de nos Finances deux deniers
pour liure de tous les deniers tant ordinaires qu'extraordinaires qui se leueront en l'estendue de leur generalité pour quelque cause & occasion
que ce soit dont ils feront la recepte
actuelle, & ausdits Receueurs Generaux du Taillon, lesdits deux deniers
pour liure de tout leur maniement, ils
se porteroient volontiers à nous se-
courir en la necessité de nos affaires
d'vne bonne & notable somme de
deniers, suiuant la taxe qui seroit
faicte sur chacun d'iceux pour iouïr
de ladite attribution. Sçauoir fai-
sons, qu'ayant faict mettre cet affaire

A iij

en deliberation en noſtre Conſeil, où
eſtoiét aucuns Princes de noſtre Sang,
autres Princes, Officiers de noſtre
Couronne, & autres grands & nota-
bles perſonnages : De l'aduis d'iceluy
& de noſtre certaine ſcience, pleine
puiſſance & auctorité Royale, Nous
auons par ceſtuy noſtre Edict perpe-
tuel & irreuocable, attribué & attri-
buons, Sçauoir auſdits Receueurs
generaux de nos Finances, deux deniers pour liure, de tous les deniers
tant ordinaires qu'extraordinaires,
qui ſe leueront en l'eſtenduë de leur
Generalité pour quelque cauſe & oc-
caſion que ce ſoit, dont ils feront la
recepte actuelle : & auſdits Receueurs
generaux du Taillon, auſſi deux deniers pour liure de tous les deniers de
leur maniement, le tout en l'année de
leur exercice ſeulemét : deſquels deux
deniers pour liure, nous voulons que

lesdits Receueurs generaux de nos
Finances & du Taillon, iouïssent hereditairement, & qu'il les puissent retenir par leurs mains comme ils font
leurs anciens gages & droicts: mesmes
que ceux desdits Receueurs generaux
de nos Finances qui n'ont esté remboursez de la finance par eux ou leurs
predecesseurs payée pour la premiere
attribution desdits deux deniers pour
liure, en consequence dudit Edict du
mois de Nouembre mil cinq cens
quatre vingts quatorze, iouïssent
comme ils ont accoustumé des sommes à eux accordées pour l'interest de
ladite finance, & ce outre lesdits deux
deniers pour liure qui leur sont attribuez par cestuy nostredit Edict, sans
qu'ils y puissent estre troublez & em-
peschez: pour iouïr par lesdits Receueurs generaux de nos Finances & du
Taillon desdits deux deniers pour

liure audit tiltre d'heredité, en telle
forte que vacation aduenât par mort
d'aucuns de leurs offices, ou quand les
refignations en feront taxées, que lefdits droicts en foient exceptez, & de-
meurent en la plaine & entiere difpo-
fition des Acquereurs, leurs veufues
& heritiers, iufques à ce qu'ils ayent
efté rembourfez actuellement de la
finâce qu'ils auront payée pour ladite
attribution. Voulons neantmoins
que vacation aduenant par mort defdits offices, ceux qui les leueront en
nos parties Cafuelles, ou qui f'en feront pouruoir foient receuz par pre-
ference dans trois mois à rembourfer
lefdites veufues & heritiers des dece-
dez de la finance payée pour ladite
attribution, pour en iouïr à mefme
tiltre d'heredité apres ledit rembour-
fement, & ledit temps paffé fera permis aufdites veufues & heritiers d'en
disposer

difpofer ainfi que bon leur femblera :
à la charge routesfois que lefdits Receueurs generaux de nos Finances &
du Taillon, feront tenus pour iouïr
defdits deux deniers pour liure audit
tiltre d'heredité, de payer en nos parties Cafuelles les fommes aufquelles
chacun d'eux fera moderément taxé
en noftredit Confeil vn mois apres le
commandement qui leur fera faict,
& ledit temps paffé y fera par nous
pourueu. Si donnons en mandement à nos amez & feaux Confeillers
les gens de nos Comptes à Paris, que
ce prefent noftre Edict ils facent lire,
publier & regiftrer, & du contenu en
iceluy faire iouïr lefdits Receueurs
generaux de nos Finances & du Taillon plainemét & paifiblement. Man-
dons auffi à nos amez & feaux Confeillers, les Treforiers generaux de
France és Generalitez qu'il appartien-

dra, qu'ils ayét à coucher & employer
és estats qu'ils dresseront de la valeur
de nos finances, lesdits deux deniers
pour liure, & en laisser le fonds auf-
dits Receueurs generaux de nos Finances & du Taillon chacun en l'annee de leur exercice. Voulons lesdits
deux deniers pour liure à quelque
somme qu'ils puissent monter estre
passee & allouëe en la despense de
leurs estats & comptes , sans aucune
restrinction ny difficulté , nonobstant quelconques Edicts , Declarations, Reglemens & autres choses à
ce contraires, ausquelles & à la dero-
gatoire des derogatoires y contenues
nous auons derogé & derogeons par
cesdites presentes : Car tel est nostre
plaisir. Et afin que ce soit chose fer-
me & stable à tousiours, nous auons
faict mettre nostre seel à cesdites presentes , sauf en autre chose nostre

ɫdroiɕt & l'autruy en toutes. Donné à
Paris au mois de Feurier, l'an de grace
mil six cens vingt, & de noſtre regne
le dixieſme. Signé, LOVIS. Et ſur
le reply, Par le Roy. DE LOMENIE.
Et à coſté, Viſa. Et ſeellé du grand
ſceau en cire verte, ſur lacs de ſoye
rouge & verte. Et ſur ledit reply eſt
encores eſcrit:

*Leu, publié & regiſtré en la Chambre
des Comptes, ce requerant le Procureur General du Roy, par le commandement de ſa
Majeſté, porté par Monſieur le Prince
de Condé venu expres en ladite Chambre,
aſſiſté des ſieurs de Chaſteau-neuf, Preſi-
dent Ieannin, & Vignier, Conſeillers en
ſes Conſeils d'Eſtat & priué: Sans auoir
égard aux oppoſitions deſdits Receueurs,
le vingt-quatrieſme iour de Feurier, mil
ſix cens vingt.*
         Signé,   *BOVRLON.*

DECLARATION DV ROY

sur l'Edict d'attribution de deux deniers pour liure, aux Receueurs Generaux des Finances & du Taillon.

LOVIS par la grace de Dieu, Roy de France & de Nauarre, A tous ceux qui ces presentes lettres verront, Salut. Nous auons par nostre Edict du mois de Feurier, mil six cens vingt, pour les considerations y contenues, attribué aux Receueurs Generaux de nos Finances deux deniers pour liure de tous les deniers, tant ordinaires qu'extraordinaires qui se leueront en l'estendue de leur Generalité pour quelque cause & occasion que ce soit, dont ils feront la recepte actuelle, Et aux Receueurs Generaux du Taillon, aussi deux deniers pour liure de tous les

b deniers de leur maniement, & ce en
l'annee de leur exercice feulement
pour en iouïr hereditairement, &
iceux retenir par leurs mains, en fi-
nançant par lefdits Reccueurs Generaux des finances & Taillon, les fommes à quoy chacun d'eux feroit taxé
en noftre Confeil pour iouïr de ladite
attribution, le tout felon & ainfi qu'il
eft contenu & declaré audit Edict : Et
combien qu'aucuns defdits Receueurs Generaux ayent pourfuiuy ladite attribution, & que noftredit Edict
ait efté verifié, neantmoins iufques à
prefent plufieurs d'entr'eux, foit par
impuiffance ou autrement n'ont ac-
cepté le benefice qui leur eftoit offert,
tellement qu'il nous a efté impoffible
d'eftre fecouru en la neceffité de nos
affaires des deniers dont nous auons
faict eftat pour ladite attribution. A
quoy defirans pouruoir : Sçauoir fai-

fons, qu'apres auoir faict veoir en noftredit Confeil noftredit Edict , De
l'aduis de noftredit Confeil & de noftre pleine puiſſance & auctorité
Royale, Auons par ces preſentes ſignees de noſtre main , dit, declaré &
ordonné , diſons , declarons & or-
donnons, que dans vn mois à compter du iour de la ſignification qui
fera faicte à noſdits Receueurs Generaux des Finances & Taillon des taxes
faictes fur eux en noftredit Confeil,
pour iouïr defdits deux deniers pour
liure de taxation à eux attribuez par
noftredit Edict , Leſdits Receueurs
feront tenus de payer leſdites taxes, &
fur le refus qu'ils feront de les payer,
il fera loiſible à toutes perſonnes, ſoit
de nos Officiers ou autres, de quelque
qualité ou condition qu'ils ſoient de
payer leſdites taxes en nos parties Ca-
ſuelles au lieu deſdits Receueurs Ge-

neraux, & iouïr en leurs places par
leurs simples quittances hereditairement, Sçauoir nosdits Officiers par
forme d'augmentation de gages, &
aux autres par forme de reuenu, & en
la maniere que nosdits Receueurs Generaux eussent ioüy desdits deux deniers pour liure, sans qu'iceluy droict
& attribution puisse vacquer par le
deceds de ceux qui les auront acquis,
ny de leurs ayans causes, ains seront
conseruez à leurs vefues & heritiers
iusques à ce qu'ils ayent esté actuellement remboursez par nous & non par
autres, de la finance qu'ils auront
payee pour ladite attribution. Et
neantmoins pour le desir que nous
auons de fauoriser lesdits Receueurs
Generaux de nos Finances & du Taillon & les côuier à payer lesdites taxes :
Voulons & nous plaift que ceux d'entr'eux qui financeront en nos parties

Casuelles pour iouïr de ladite attribution soient à l'aduenir dispensez de
bailler aucunes cautions ne certificateurs pour le faict de leurs receptes;
ains seront seulement tenus faire ap-
paroir à nos amez & feaux Conseillers les Presidens & Tresoriers Generaux de France, de la quittance de finance qu'ils en auront payee, comme
aussi nous entendons que les cautions
& certificateurs par eux cy-deuant
baillez soient dés à present deschar-
gez, comme nous les deschargeons
par ces presentes, moyennant l'acqui-
sition dudit droict, qui leur tiendra
lieu de caution, & demeurera iceluy
specialemét obligé enuers nous pour
l'exercice de leursdites receptes : Et
pour ceux desdits Receueurs Generaux des Finances & du Taillon, qui
seront refusans de leuer lesdites taxes
dans le temps cy-dessus, ils seront tenus

nus pour seureté de nos deniers de
fournir de cautions & certificateurs
des sommes portees par les reglemens,
suiuant lesquels iceux Receueurs Generaux les doiuent fournir de trente
mille liures, & ceux du Taillon de dix
mille liures, nonobstant tous autres
Arrests, Reglemens & Declarations,
par lesquels ils ont esté cy-deuant dispensez de les fournir de moindres
sommes: Et que lesdites cautions ainsi
par eux baillées seront renouuellees
lors qu'il sera iugé que faire se doiue
par nosdits amez & feaux les Presidens & Tresoriers Generaux de France, à peine d'en respondre en leurs
propres & priuez noms, le tout sans
diminution des augmentations de
gages dont ioüissent nosdits Receueurs Generaux des Finances, au lieu
de la finance qu'eux ou leurs predecesseurs ont cy-deuant payee pour

l'attribution de deux deniers pour liure de taxation pour le maniement
des deniers extraordinaires de leurs
charges. Si donnons en mandement
à nos amez & feaux Conseillers les
gens de nos Comptes à Paris, Presidens & Tresoriers Generaux de France, que ces presentes ils facent regi-
strer & du contenu en icelles ioüir &
vser pleinement & paisiblement nosdits Officiers & autres personnes de
quelque qualité & condition qu'elles
soient, qui auront acquis ledit droict
& leurs ayans causes hereditairement,
sans qu'il leur soit faict mis ou donné
aucun empeschement au contraire :
Car tel est nostre plaisir. En tesmoin
de quoy nous auons faict mettre nostre seel à cesdites presentes. Donné à
Paris le dix-huictiesme iour de No-
uébre l'an de grace mil six cens vingt-
trois, & de nostre regne le quator-

zieſme, Signé, LOVIS. Et ſur le reply, Par le Roy. DE LOMENIE. Et
ſcellées ſur double queüe du grand
ſeel de cire iaulne. Et au bas dudit reply eſt eſcrit,

Regiſtrees en la Chambre des Comptes,
ouy le Procureur General du Roy pour iouïr
par les Receueurs Generaux des Finances
& Taillon, de l'attribution des deux deniers pour liure y mentionnez, aux charges
contenues en l'Arreſt de ce faiƈt le vingtieſ-
me iour de Decembre, mil ſix cens vingt-
trois. Signé, GOBELIN.

VEV par la Chambre les Lettres pa-
tentes du Roy donnees à Paris, le
vingt-huiƈtieſme iour de Nouembre der-
nier, ſignees, Louis, Et ſur le reply, Par le
Roy, De Lomenie : Par leſquelles & pour
les cauſes y contenues, ſa Majeſté diƈt, de-
clare & ordonne, que dans vn mois à compter du iour de la ſignification qui ſera faite

aux Receueurs generaux des Finances &
du Taillon, des taxes sur eux faites en son
Conseil, pour iouyr des deux deniers pour
liure de taxation à eux attribuez par
son Edict du mois de Feurier, mil six
cens vingt, ils seront tenus payer lesdites taxes, & sur le refus qu'ils en feront
qu'il sera loisible à toutes personnes de ses
Officiers ou autres, de quelque qualité &
condition qu'ils soient, de les payer en ses
parties Casuelles au lieu desdits Receueurs
generaux, & iouyr en leurs places par leurs
simples quittances hereditairement, sçauoir
aux Officiers par forme d'augmentation de
gages, & aux autres par forme de reuenu,
& en la maniere qu'iceux Receueurs generaux eussent iouy desdits deux deniers pour
liure, sans que ledit droict & attribution
puisse vacquer par le deceds de ceux qui les
auront acquis ny de leurs ayans cause, ains
qu'ils seront cõseruez à leurs vefues & heritiers, iusques à ce qu'ils ayent esté actuelle-

ment rembourſez. Et pour le deſir que ſadite
Maieſté a de fauoriſer leſdits Receueurs
generaux de ſes Finances & Taillon, &
les conuier à payer leſdites taxes, Veut &
luy plaiſt que ceux d'entre eux qui financeront pour iouyr de ladite attribution,
ſoient à l'aduenir diſpenſez de bailler aucunes cautions ny certificateurs pour le faict
de leurs receptes, & mande à ladite Chambre faire regiſtrer leſdites lettres, & du contenu en icelles iouïr & vſer pleinement &
paiſiblement leſdits Officiers & autres perſonnes de quelque qualité & cŏdition qu'elles ſoient qui auront acquis ledit droict &
leurs ayans cauſes hereditairement, ſans
qu'il leur ſoit donné aucun empeſchement
contraire, ainſi que plus au long le contien-
nent leſdites lettres: Arreſt de ladite Chambre du quinzieſme du preſent mois, par lequel elle auroit declaré ne pouuoir entrer en
l'entherinement d'icelles, Autres lettres pa-
tentes du ſeizieſme enſuiuant, ſignees com-

me les precedentes , contenant Juſſion & mandement tres-exprés à icelle Chambre, que ſans ſ'arreſter audit Arreſt, elle ait tous affaires ceſſans & poſtpoſez à faire lire, publier & regiſtrer leſdites lettres , ſans y apporter aucun refus ny modification , ny attendre autre commandement plus exprés pour ce regard , nonobſtant tous autres Arreſts, Declarations & Lettres à ce contraires, auſquelles ſadite Majeſté a deſrogé, Concluſions du Procureur general du Roy, & tout conſideré La Chambre a ordonné & ordonne leſdites Lettres de Declaration eſtre regiſtrees , pour ioüyr par les Receueurs Generaux des Finances & Taillon , de l'attribution de deux deniers pour liure y mentionnez , en payant la finance à quoy ils ſeront taxez qui tiendra lieu pour l'aduenir de cautionnement iuſques à la concurrence d'icelle , qui y demeurera ſpecialement affeĉtee , obligee & hypothequee : au refus deſquels Receueurs Generaux sera permis à tous Officiers & non autres de leuer lesdites taxes pour ioüyr de ladite attribution : Le rolle desquelles taxes sera retenu au Greffe pour y auoir recours quand besoin sera, & à la charge que les deniers qui en prouiẽdront seront employez aux vrgens & pressez affaires de sa Majesté & non ailleurs. Faict les deux Bureaux assemblez, le vingtiesme iour de Decembre mil six cens vingt-trois, suiuant lequel Arrest ledit roolle des taxes faict au Conseil d'Estat du Roy tenu à Paris le neufiesme de ce present mois, a esté retenu audit Greffe ledit iour.

Extraict des Regiftres de la Chambre des Comptes. Signé, GOBELIN.

Collationné aux originaux, par moy Conseiller, Secretaire du Roy & de ses Finances.